LOUIS MOUTON

1834 - 1890

MONTBRISON

IMPRIMERIE TYPOGRAPHIQUE DE E. BRASSART

1890

LOUIS MOUTON

1834 - 1890

—

MONTBRISON

IMPRIMERIE TYPOGRAPHIQUE DE E. BRASSART

—

1890

LOUIS MOUTON

1834 - 1890

Le Beaujolais vient de faire une grande perte : M. Louis Mouton est mort, dans sa propriété de la Plaigne, commune de Durette, le 8 février dernier. Tous ceux qui l'ont connu conserveront fidèlement le souvenir de cet homme de cœur, qui fut à la fois un fervent chrétien et un excellent citoyen.

Né à Lancié (Rhône), le 5 octobre 1834, élevé d'abord dans la maison paternelle, Louis-Jules Mouton se distingua de bonne heure par des qualités exceptionnelles qui, au cours de sa vie, ne firent que se développer et s'accroître. Il avait une intelligence vive, un goût délicat de tous les arts, spécialement de la musique, mais surtout un profond sentiment du devoir, et une piété qui ne cessa pas un seul instant d'inspirer tous les actes de sa vie.

Pour continuer ses études commencées, en compagnie de sa sœur, sous la direction d'une institutrice du plus rare mérite, il entra en 1847, à l'âge de treize ans, à l'institution d'Oullins, où son frère, qui allait bientôt, avec deux de ses professeurs et un de ses anciens camarades, fonder, sous la direction du père Lacordaire le Tiers-ordre enseignant de Saint-Dominique, avait été lui-même élevé, et ses succès ne tardèrent pas à justifier toutes les espérances que son enfance avait fait naître.

La force de la santé n'égalait malheureusement pas en lui la vigueur de l'intelligence. Une grave et longue maladie, qui vint interrompre, en 1851, le cours de ses études, faillit même l'emporter. Il avait fait généreusement le sacrifice de sa vie ; il fut administré ; Dieu le guérit, mais sa santé demeura depuis lors chancelante. Ce fut très probablement ce qui l'empêcha de suivre l'exemple de son frère aîné, et d'embrasser comme lui la vie religieuse ; il voulut du moins s'en rapprocher le plus possible en s'affiliant au Tiers-ordre de Saint-Dominique et en conservant avec les membres du Tiers-ordre enseignant, surtout avec l'Ecole de Saint-Thomas d'Aquin d'Oullins, les rapports les plus affectueux.

La piété de notre ami n'était pas seulement vive, elle était éclairée, elle était charitable. Se mettant constamment en la présence de Dieu, il consacrait à la prière tout le temps que lui laissaient ses occupations ; mais dès qu'on venait lui parler, il interrompait tout pour vous écouter, et il le faisait de si bonne humeur qu'on ne pouvait pas se douter de l'avoir dérangé. Personne, parmi les laïques, ne s'occupa plus que lui des cérémonies du culte. Tous les dimanches il s'astreignait à tenir l'harmonium à l'église ; il enseignait la musique aux jeunes gens ; et grâce à lui, les chantres, loin de manquer comme dans beaucoup d'autres paroisses, étaient nombreux à Régnié. Il avait participé à la fondation d'une société de Saint-Louis de Gonzague, et lorsque quelques-uns de ses membres se rendaient à l'armée il entrait en correspondance avec eux ; aussi les voyait-on, à leur retour, reprendre leur place au lutrin.

Dans ses rapports privés, Louis Mouton était la bienveillance même ; il paraissait avoir pris saint François de Sales pour modèle ; il en suivait tous les exemples. On pouvait le contrister : il était impossible de l'aigrir : il ne songeait qu'à faire du bien. A Hyères où il passa plusieurs hivers, à Salins en Savoie où il allait quelquefois prendre les eaux, partout enfin, il se créait bien vite des relations, et ce n'était assurément pas lui qui en profitait le plus. Que d'œuvres n'a-t-il pas soutenues par sa charité persévérante, par son zèle constamment plein d'ardeur sans cesser d'être discret. Il ne se rebutait jamais, aussi réussissait-il toujours. Sa douceur insinuante, son aménité, le charme de ses manières tournaient tous les obstacles dont un premier effort n'avait pu triompher. Vraiment infatigable malgré les défaillances de sa santé, il recueillait, à la ville comme à la campagne, des souscriptions pour l'œuvre des Ecoles d'Orient qu'il avait contribué à introduire dans le diocèse de Lyon, pour la basilique du Sacré-Cœur de Montmartre, pour les facultés catholiques. Il n'était aucun service qu'il ne rendit de bon cœur et à tout venant. Citons-en un exemple, non pas le seul en son genre, mais peut-être le dernier. Au commencement du mois de novembre 1889, une bénédiction de cloches avait lieu dans l'église de Marchampt ; il s'y rendit au premier appel, tint l'harmonium avec son talent habituel, et contribua plus que personne à la solennité de la cérémonie.

Le tertiaire de Saint-Dominique n'était pas tellement absorbé par les exercices de piété qu'il en oubliât les choses de la terre ; et comme il y avait équilibre parfait dans cette âme d'élite, le citoyen chez lui était à la hauteur du chrétien. Il était homme pratique, homme d'affaires ; aussi recherchait-on volontiers ses conseils et se trouvait-on toujours bien de les avoir suivis. Intérêts moraux et matériels de tous ceux qu'il pouvait éclairer ou secourir, spécialement de ses domestiques et de ses vignerons, éducation, patronage, placement des enfants, assistance des malades et des mourants, rien n'échappait à sa charité toujours douce et vigilante. Il ne pensait pas qu'un chrétien dût se renfermer chez lui pour gémir sur les malheurs de son temps sans rien faire pour y porter remède. Il affronta la vie publique, ses dangers de toute sorte, ses déboires si fréquents ; il se lança vaillamment dans la mêlée, mais toujours avec prudence, avec charité, le chrétien dirigeant le citoyen et lui donnant le calme et la sagesse sans lui rien enlever de son activité. Qu'il ait recherché les fonctions publiques, ce serait peut-être trop dire, mais il ne les refusa certainement pas et les remplissait volontiers. Il fut, pendant de longues années, d'abord adjoint, puis maire de Durette, délégué sénatorial et délégué cantonal. Ces fonctions ne furent jamais pour lui qu'un moyen de faire le plus de bien possible.

L'église de Régnié sert en même temps à Durette; l'ancienne tombait en ruines : Louis Mouton prit une large part à la construction de la nouvelle, et se ménagea le concours d'un architecte célèbre, l'architecte de Fourvière, M. Bossan. Plus tard, lorsque l'école communale congréganiste de filles fut menacée de laïcisation par les lois scolaires, il se mit à la tête et devint trésorier d'une société civile qui devait, en érigeant une école libre, assurer pour l'avenir aux deux communes les bienfaits de l'enseignement chrétien. Il était, en outre, trésorier du conseil de fabrique et de la confrérie du Saint-Sacrement de la paroisse.

Propriétaire de vignobles, plein de sollicitude pour les vignerons, race admirable de cultivateurs, si fière, mais si économe et si âpre au travail, bien convaincu que propriétaires et travailleurs n'ont qu'un même intérêt, il était entré de bonne heure, à la suite de son père, dans le comice agricole du haut Beaujolais ; il en fut le trésorier et s'occupa sans relâche de tout ce qui intéressait l'agriculture. Atteint l'un des premiers par les fléaux redoutables qui ont ravagé le pays, le phylloxera, le mildiou, il fut aussi un des premiers promoteurs des syndicats agricoles, et devint président du syndicat anti-phylloxérique de Régnié et de Durette, trésorier du syndicat agricole et viticole du haut Beaujolais et de l'Union beaujolaise des syndicats agricoles. Il n'avait pas d'ailleurs attendu leur création pour combattre le phylloxera par le sulfure de carbone et les autres insecticides, le mildiou par le sulfate de cuivre, et la dégénérescence des anciennes vignes par l'introduction des plants américains. Esprit toujours ouvert, ennemi de la routine et homme de son temps, il encourageait toutes les expériences, en faisait lui-même et en partageait avec tout le monde les résultats heureux.

A la fin de sa vie, hélas trop courte, quoique si bien remplie, une dernière lutte l'attendait. Quand il fut question de bâtir une école laïque pour les deux communes de Durette et de Régnié, il eut à soutenir des discussions très

vives au sujet de son emplacement : il en fut
douloureusement impressionné. Dans la matinée
du 8 février il était étendu sur un petit canapé
sur lequel sa santé l'obligeait souvent à chercher
quelque repos. Quelques minutes après l'y avoir
laissé, on rentrait, on le trouva mort son cha-
pelet à la main. La veille, premier vendredi du
mois, il s'était confessé et avait communié : il
était toujours prêt.

Ses funérailles ont eu lieu dans l'église de
Régnié, le mardi, 11 février, au milieu d'un
immense concours. Son cercueil a été déposé,
au cimetière de la paroisse, dans un tombeau
de famille où l'attendaient déjà son père, sa
mère et sa sœur.

Louis Mouton avait cinquante cinq ans. Sa
mort, nous le répétons, est une grande perte
pour le Beaujolais ; les exemples de sa vie nous
restent : Dieu veuille qu'ils soient suivis.